yukismart.com/b/6b04ba
1
2

fille

девочка

garçon

мальчик

maman

мама

papa

папа

jeune

молодой

vieux

старый

enfant

ребёнок

adulte

взрослый

accepter

принять

refuser

отказать

oui

да

non

нет

sourire

улыбаться

pleurer

плакать

heureux

счастливый

triste

грустный

seul

один

ensemble

вместе

bruit

шум

silence

тихий

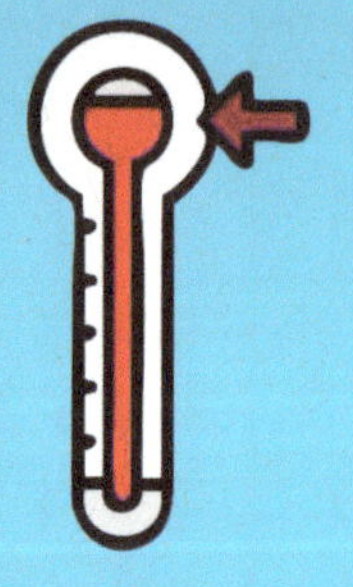

chaud

горячий

froid

холодный

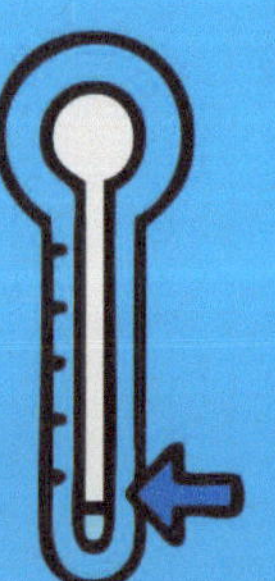

un peu

немного

beaucoup

много

solide

твердый

liquide

жидкий

court

коротний

long

длинный

lent

медленный

rapide

быстрый

minuscule

крошечный

petit

маленький

grand

большой

énorme

огромный

dedans

в

dehors

вне

gonflé

надутый

dégonflé

сдутый

sur

на

sous

под

sale

грязный

propre

чистый

identique

одинаковый

différent

разный

gauche

левый

droite

правый

$$1 + 1 = 5$$

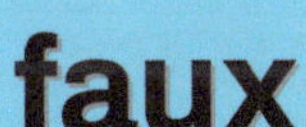

faux

неправильный

$$1 + 1 = 2$$

correct

правильный

mince

тонкий

épais

толстый

facile

лёгкий

difficile

сложный

fermé

закрытый

ouvert

открытый

grand

высокий

petit

короткий

en bonne santé

здоровый

malade

больной

jour

день

nuit

ночь

jouer

играть

dormir

спать

ensoleillé

солнечный

nuageux

облачный

pluvieux

дождливый

orageux

штормовой

blanc

белый

noir

черный

couleurs claires

светлые цвета

couleurs foncées

тёмные цвета

sucré

сладкий

acide

кислый

salé

соленый

amer

горький

entier

целый

moitié

половина

rempli

полный

vide

пустой

manger

есть

boire

пить

près

близко

loin

далеко

là

там

ici

тут

debout

стоять

allongé

лежать

assis

сидеть

cheveux bouclés
кудрявые волосы
cheveux raides
прямые волосы

trempé

промокший

mouillé

мокрый

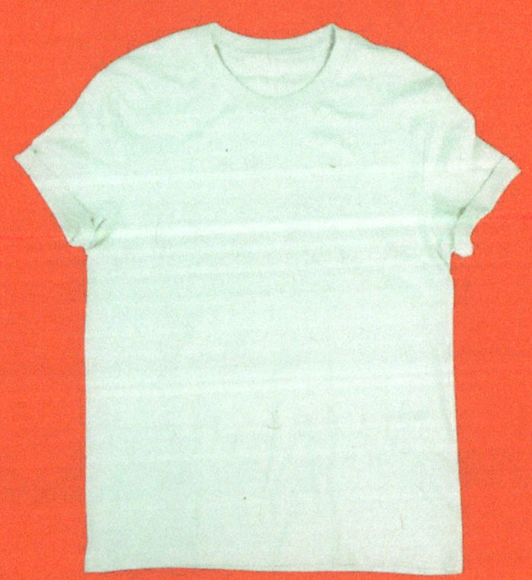

sec

сухой

devant

перед

derrière

сзади

entre

между

à côté de

рядом

toit

крыша

sol

пол

lourd
тяжелый

léger
легкий

fragile

хрупкий

robuste

крепкий

faible

слабый

fort

сильный

piquant

острый

doux

мягкий

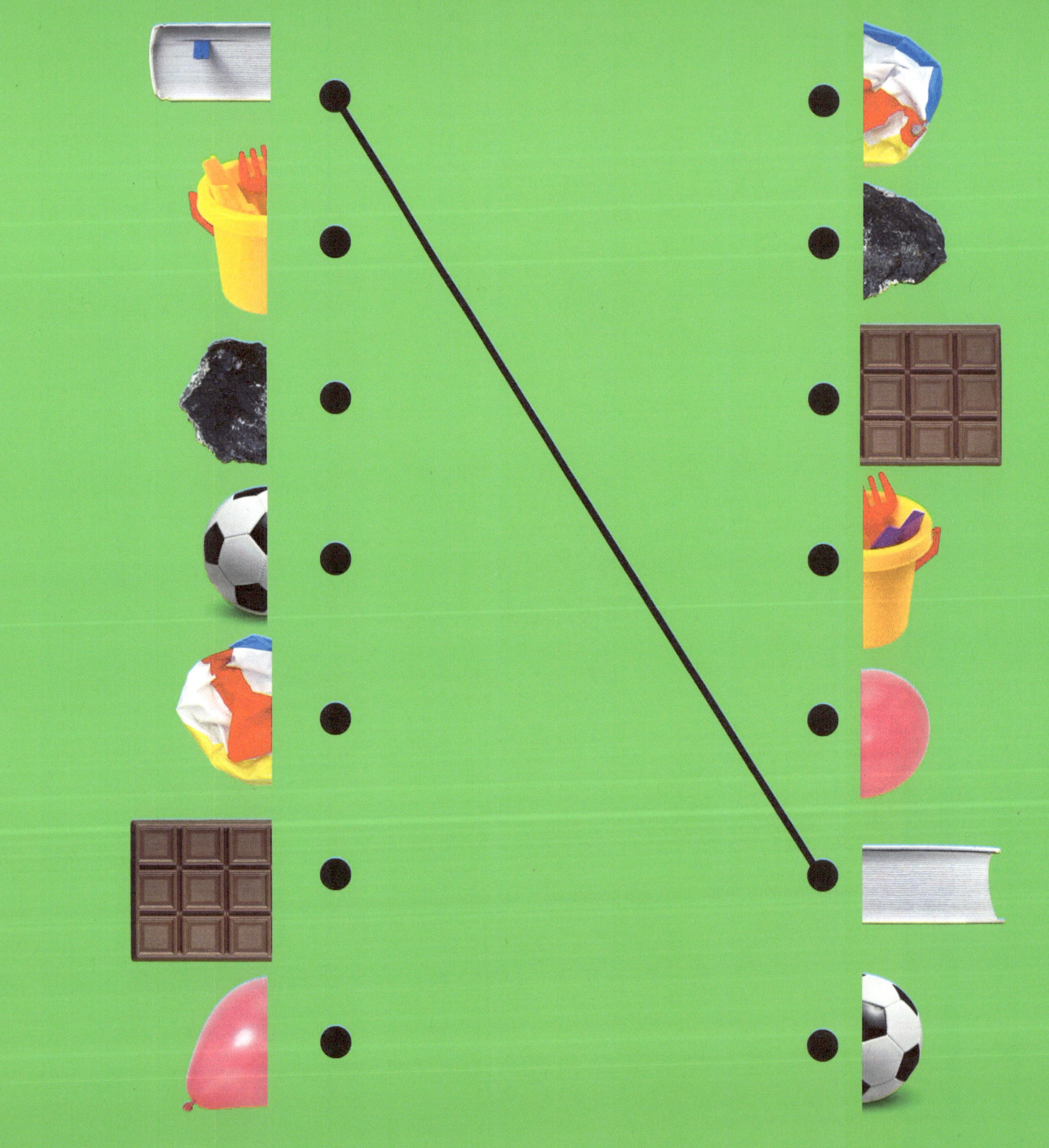